CÓMO ESTAR CASADOS SIENDO SOLTEROS

La superación de la lucha con la soltería

Erica Ann Spence

Introducción de la autora

Cuando se tomó esta fotografía yo tenía 25 años de edad. Lo que me sorprende es que tan engañosa es. Al verla, pensarán, ¡GUAU! Qué retrato tan hermoso, ¿por qué no estará casada, etc.?

Lo que no pueden ver es el sufrimiento. No pueden ver el dolor ni la soledad. No pueden ver la rabia ni la rebeldía. Por dentro, yo me sentía abatida. Como dijo alguien alguna vez, "yo era un tren descarrilado en espera de un lugar en que suceda".

Para cuando yo tenía 31 años de edad, me sentía con ganas de suicidar. Para entonces ya estaba lista para dejar de gobernar mi vida.

Ahí fue cuando el mismo Jesucristo me encontró. Él me cambio para siempre. ¡Y jamás he vuelto para mirar atrás!

Para leer más de mi historia y propósito vaya a www.recontorestoration.org
Comuníquese conmigo a
Overcomingsingle1@gmail.com

Este libro es de lectura obligada para todas las personas solteras que batallan en su estación de soltería. Se anima a las personas solteras a buscar a Dios para vivir en paz y alegría su estado de soltería y permitirle a Él que les prepare para el matrimonio (si así lo desean) casándose primero con Dios o estar contentos con vivir una vida en soltería.

También les recomendamos encarecidamente este libro a las parejas casadas para comprender mejor cómo aconsejar de modo más eficiente a las personas solteras alentándoles a disfrutar y apreciar su estado de soltería en el Reino de Dios.

Prophet Ranch y Queen Sarah Harris

¡Este es un libro muy informativo que cambia tu vida! Es una guía de camino para ayudar a hombres y mujeres a salir de las ataduras de las relaciones. Se puede ser una persona soltera y libre con la ayuda de Dios ¡y no es agobiante! A mi esposo le encantó la cantidad de escritura en todo el libro. Disfrutó de lleno el hecho de que una persona pueda recibir la salvación y el don del Espíritu Santo y experimentar la libertad de ¡no estar sujetos a las ataduras de una relación!

Mona y Anthony Parker

¡Este es un libro fácil de leer y de entender! ¡Me encantó! ¡Estamos seguros de que muchas mujeres y hombres se sentirán libres!

Mildred Grant

Este libro es una maravillosa comprensión de lo que Dios quiere para nuestros amigos solteros. También muestra de qué modo tan similar piensan las personas solteras de sí mismas, casi pensando que hay algo erróneo sí siguen solteros o solteras. Yo se que la gente que lea este libro se sentirá bendecida de muchas maneras y se va a llevar un sentido renovado del amor de Dios y del plan de Dios para ellos.

La familia Porter

Los archives siguientes fueron subidos con éxito por solicitud 1-1837431331

Hombre del archivo: COMO ESTAR CASADOS SIENDO SOLTEROS 19 de octubre de 2014.pdf
Tamaño de archivo: 245 KB
Fecha/hora: 19/10/2014 4:07:17pm

[Hilo de ID: 1-UDZ28X]

Oficina de Derechos de Autor de Estados Unidos

ISBN-10:0996687327
ISBN-13: 978-0996687324

Número de control de la Biblioteca del Congreso: **XXXXX (si procede)**
LCCN Nombre impreso: **Ciudad y estado (si procede)**
Traducido por www.christian-translation.com

Prólogo

Quizás el título del libro no tiene sentido para algunos de ustedes. ¿Cómo puedes estar casado y soltero al mismo tiempo? Bueno, permite que las palabras de este libro expliquen la relación, y luego ¡tú decides!

Mi corazón ha estado pleno de poderosas palabras de verdad dirigida hacia los hombres solteros y las mujeres solteras. El poema *Struggling with Singleness* ("Batallando con la soltería", que se incluye en este libro) nació a raíz de la batalla con la soltería que he tenido durante toda mi vida, pero una batalla que no era necesaria. Ya ven que, en este mundo físico, nunca he estado casada. Nunca he tenido hijos, y la sociedad me convencía de que algo me faltaba en la vida y que era una persona incompleta.

El hecho de que no me he casado nunca se recibe a menudo con gestos de compasión, o miradas curiosas. Hasta los días de Navidad pueden ser difíciles cuando se es soltero. ¿Cuántos de ustedes no han tenido una cita ciega arreglada por una hermana o hermano Cristiano que con muy buenas intenciones han tomado como su responsabilidad hacer que te cases? Yo sé que he agradecido su preocupación por mi felicidad. Pero, de nuevo, eso reforzaba my pensamiento de que en algún modo yo no estaba completa por ser soltera.

En vez de aliento por el estado de soltería en un momento dado, las personas solteras reciben la mirada y las palabras de compasión, y en consecuencia pasan años tratando de componer algo que no está estropeado.

A menos que los amigos bien intencionados hayan oído algo del Padre, y sus acciones sean confirmación de lo que el Padre ya ha hablado contigo, puede ser que sus decisiones no reflejen lo que Dios te tiene preparado.[1] Solo el Creador conoce los planes para Su creación.[2]

Antes de llegar a Jesús, e incluso después de que "fui salva", me pasaba la vida pensando en cuando terminará la "desdicha" de ser soltera. Y dado que el matrimonio es una institución creada por Dios, ciertamente entonces, si yo lo deseo, Él quiere que yo me case. Entonces, ¿por qué sigo soltera? ¿Soy tan mala y tan desordenada que nadie me quiere? ¿Acaso mis pecados pasados me impiden recibir a mi pareja? ¿Seré tan melindrosa que ninguno es suficientemente bueno para mí?

Si te has hecho estas preguntas, entonces este libro es para ti. Si has pensado de una persona soltera de ese modo, este libro es para ti. Y para las personas casadas pero que en verdad no entienden de lo que se trata ser soltero o soltera (y quizás eres uno de los que le dirigen a las personas solteras miradas de compasión), entonces, sigue leyendo, porque este libro ¡también es para ti!

---

[1] Eclesiastés 3:14 "Sé que todo lo que Dios hace será perpetuo; no hay nada que añadirle y no hay nada que quitarle; Dios ha obrado así para que delante de El teman (reverencien) los hombres (lo reverencien y adoren, sabiendo que Él es).

[2] *Jeremías 29:11 "Porque yo sé los planes que tengo para vosotros", declara el Señor, "planes de bienestar y no de calamidad, para daros un futuro y una esperanza".*

Isaías 64:8 "Más ahora, oh Señor, Tú eres nuestro Padre; nosotros el barro, y Tú nuestro alfarero; obra de tus manos somos todos nosotros".

Efesios 2:10 "Porque somos hechura suya, creados en Cristo Jesús (vueltos a nacer) para hacer buenas obras, las cuales Dios prepare de antemano para que anduviéramos en ellas (viviendo la vida en el bien que Él preparó de antemano para viviéramos).

Dedicatoria

A mis padres, Ernest y Annie Spence (ya fallecidos), y a toda mi familia de Cleveland, Ohio, de quienes he estado alejada desde hace muchos años, pero que saben que están siempre en mi corazón. Les amo por sus infinitas palabras de aliento y por ayudarme a seguir la senda justa que Dios me predestinó.

A los doctores Joseph A. y Renee Mills Jr., Pastores de AGAPE EMBASSY MINISTRIES (Ministerios de la Embajada del Ágape) de Alexandria, Virginia. Es gracias a su caminar con Dios que es posible este libro. Estando ustedes en *su* lugar justo me ayudó a conseguir *mi* lugar justo. Ustedes me ayudaron a ver cómo soy de especial, y me enseñaron a esperar de Dios lo mejor en mi vida. Me ayudaron a entender de qué manera tan maravillosa es ser una persona soltera.

A Daddy Ranch Harris y a mi maravillosa Hermana en Cristo, Sarah Harris, sepan que siempre les amaré. Soy tan feliz de que Dios me haya dirigido hacia ustedes. Gracias por su amor, su apoyo, oraciones y más que todo por su amistad.

A mis amigos especiales, en todo Estados Unidos, sepan que les amo. Todos ustedes me han ayudado en este periplo. Y ahora mi deseo es ayudar a millones de ustedes entender la importancia de ¡estar ***Casados siendo Solteros***!

CÓMO ESTAR CASADOS SIENDO SOLTEROS

SIENDO SOLTEROS

La superación de la lucha con la soltería

Erica Ann Spence

Capítulo 1

¿**P**or qué mi soltería, Señor?

¿Por qué no tengo un hombre (mujer)?

Estas cosas y más le pregunté al Señor,

¡Y no se dijo más!

Y entonces pensé, ¿no habrá escuchado?

¿Seré yo tan mala que por eso nadie se me acerca?

¡Cuando la familia y amigos me ven soltera todos estos años!

¿Por qué soy soltera Señor?

El estado predilecto

Pablo dijo en 1 Corintios Capítulo 7 cuál debería ser el estado "predilecto" de un hombre y una mujer. Veamos esto con atención. La Biblia Ampliada lo dice de esta manera: versículos 1-2 *"Acerca de lo que me habéis preguntado por escrito, digo: Bueno le sería (y con esto quiero decir beneficioso, conveniente, provechoso y saludable) al hombre no tocar mujer (o cohabitar con ella) sino seguir sin casarse. Sin embargo, por causa de las fornicaciones y para evitar la inmoralidad, tenga cada uno su propia mujer y tenga cada una su propio marido. Versículos 7-9 Quisiera más bien que todos los hombres fueran como yo (en esta cuestión de la continencia). Pero cada uno tiene su propio don de Dios, uno a la verdad de un modo, y otro de otro. Digo pues a los solteros y a las viudas, que bueno les sería (bueno, beneficiosa, conveniente y saludable) quedarse como yo (solteros). Pero si no tienen donde continencia, cásense. Pues mejor es casarse que estarse quemando (con la pasión y constantemente torturados con un deseo insatisfecho)*".

Mediante los escritos de Pablo, Dios ha dejado en claro que el estado predilecto es el de la soltería. Para que Dios optimice el empleo de tus dones, Él quisiera tenerte todo para Él.

En muchas ocasiones las personas solteras sienten que son personas a medias. Se pasan años prodigando esos dones y otras cosas preciadas por Dios, y aferrados a cosas que son inútiles. Por ejemplo, las enseñanzas que se impartían en una reunión de mujeres a la que asistí, estaban dirigidas principalmente a las mujeres casadas ahí presentes. El Espíritu Santo me reveló a mí que aprender sobre la vida en matrimonio, antes de entrar a la vida en matrimonio, es muy importante. Él me dijo cómo es que las personas solteras se pasan años abrigando pensamientos y sentimientos sobre el matrimonio, pero entregan lo más precioso antes de iniciar el convenio del matrimonio.

¿Cuáles son estas cosas más preciosas? ¡Ellas mismas! No hace mucho tiempo, recuerdo que pensaba que nunca había usado un anillo en el segundo dedo (enseguida del meñique) de mi mano izquierda. Años atrás, como persona soltera, me había prometido a mi misma que este dedo lo guardaría para mi anillo de boda. Al momento de escribir este libro, nunca he usado un anillo en este dedo. Eso le puede sonar muy lindo a algunos, y sentimental a otros. Pero, ¿qué bien me hizo guardar este dedo para mi anillo de bodas, pero no guardar mi virginidad para mi esposo; o mi cuerpo para mi esposo?

En cuanto decidí que Jesús sea el Señor de mi vida así como mi Salvador, y luego de que pasé tiempo escuchando su orientación, entendí que mi cuerpo entero es precioso, no solo un dedo de mi mano izquierda. También descubrí que lo que había entregado no me pertenece.[3]

A Dios gracias, me perdonó y me reveló un conocimiento específico sobre lo que yo había hecho.[4]

Si en el pasado tú has entregado cosas preciadas, pide a Dios que te perdone ahora mismo, y que te revele la verdad de Su palabra.

Muchas personas solteras han andado este mismo camino. Yo les digo, no teman y no se preocupen. Jesús conoce la debilidad de la carne. [5]

Si estás dispuesto y eres obediente, vivirás la vida que Él ha planificado para ti.[6]

¿Cómo consigues lo mejor de Dios como persona

---

[3] *1 Corintios 6:19-20* "¿O ignoráis que vuestro cuerpo es templo (el santuario mismo) del Espíritu Santo, el cual vive en vosotros, al cual habéis recibido de Dios *(como un don), y que no sois vuestros? Habéis sido comprados por un precio, así que glorificad, pues, a Dios en vuestro cuerpo y en vuestro espíritu, los cuales son de Dios".*

[4] *1 Juan 1:9 "Si reconocemos (libremente) que hemos pecado y confesamos nuestros pecados, Él es fiel y justo y perdonará nuestros pecados y nos limpiará de toda maldad (todo lo que no sea de conformidad a Su voluntad y propósito, pensamientos y acciones)".*

[5] *Hebreos 4:15 "Porque no tenemos un Sumo Sacerdote incapaz de entender y compadecerse de nuestras debilidades y flaquezas, sino uno que ha sido tentado en todo de la misma manera que nosotros, pero sin pecar". Y lo que es más importante, el padre conoce tus fortalezas y lo que Él ha puesto dentro de ti.*
Salmos 118:14 "El Señor es mi fuerza y mi canto; y Él es mi salvación".
1 Pedro 4:10-11 "Ya que cada uno de ustedes ha recibido un don (un talento espiritual particular, un don divino de gracia), cada uno ponga al servicio de los demás el don que haya recibido, administrando fielmente la gracia de Dios en sus diversas formas (poderes sumamente diversos y dones concedidos a los cristianos como favor inmerecido)".

[6]*Isaías 1:19 "Si estáis dispuestos y sois obedientes, comerán lo mejor de la tierra"*

soltera? ¿Cómo llegas a ser una persona independiente, única y en unidad con Dios?

Primero, ¡te debes de casar! Debes de hacer votos de matrimonio con Dios. Dios ha prometido estar a nuestra disposición. Todo lo que tenemos que hacer ¡es pedir! Así es como llegamos a ser uno con Dios. Así es como nos casamos. Y tu alianza de matrimonio es ahora y por siempre con Dios, ¡a través de Su Hijo, Jesucristo![7]

Si no has confesado a Jesucristo como tu Señor y Salvador, entonces lee las oraciones de salvación como las vemos esbozadas en Romanos 10:9-10. La encuentras al final de este capítulo.

Si tú ya eres Cristiano entonces sigue leyendo. ¡Tu esposo te espera!

Oración de Salvación[8]

Padre Celestial, en el Nombre de Jesús, me presento ante Ti. Ruego y pido que Jesús sea el Señor de mi vida. Lo creo en mi corazón, y lo digo con mi boca: Jesús ha resucitado de entre los muertos. En este momento, Lo hago Señor de mi vida. Jesús, ven a mi corazón. En este momento creo que soy salvo, y lo digo ahora: He vuelto a nacer. Soy Cristiano. Soy hijo de Dios Todopoderoso".

---

[7] *1 Juan 5:11-13 "Y el testimonio (esa prueba) es éste: que Dios nos ha dado vida eterna, y esa vida está en su Hijo. El que tiene al Hijo, tiene la vida; el que no tiene al Hijo de Dios, no tiene la vida. Les escribo estas cosas a ustedes, que creen (que profesan, confían y dependen de) en el nombre del Hijo de Dios, para que sepan (con conocimiento absoluto y resuelto) que ustedes tienen (ya) vida eterna".*

[8] **Oración de Salvación** Kenneth Copeland "Plegaria Tu Fundamento para el Éxito".

Capítulo 2

Luego que todo se dijo y se hizo,
    Después de todas las lágrimas que lloré,
    Finalmente Le di gracias por ser soltera
    Y dejar de lado mi ira.

Fue entonces que Le escuché
En una voz pequeña y clara que me dijo
"Ahora hija mía te quiero mostrar lo que significa la soltería".

Con este anillo me caso contigo

En el capítulo anterior, yo les compartí como es que dejé de usar anillo en el segundo dedo de mi mano izquierda. Por años, miraba yo a mi mano izquierda y pensaba, ¿cuándo me pondré un anillo en esa mano? En la cultura occidental, un anillo en el segundo dedo de la mano izquierda simboliza que eres una persona casada. En el libro titulado "Something Old and Something New" (Algo viejo y algo nuevo) de Vera Lee, la autora explica que "por siglos, los anillos de compromiso y de bodas han adornado el segundo dedo de la mano izquierda".[9] ¿Por qué? Porque pueblos como los antiguos egipcios creían que desde ese dedo corría una vena directamente hasta el corazón. No obstante, algunas culturas han favorecido otros dedos. Hace siglos, los novios presentaban anillos como pago parcial por la novia. Los fundadores puritanos de este país desaprobaban los anillos de boda porque los consideraban joyería frívola. ¿Sabían ustedes que en el antiguo Egipto los anillos de oro se

---

[9] Lee, Vera *Something old and Something new (Algo viejo y algo nuevo)*

13

utilizaban como dinero antes que las monedas? Las investigaciones de Vera Lee señalan que "un egipcio lo suficientemente rico como par permitírselo, le daba a su novia un anillo de oro para mostrar que le confiaba su propiedad".[10]

Existen muchas interpretaciones e historias diferentes sobre los anillos de boda. Y también muchas diferencias culturales. Pero lo que realmente importa es el estado de tu corazón, no lo que llevas en el dedo. Quizás conozcan a alguien, o quizás tú has sido ese alguien, que llevaba el anillo pero que no tenía el amor que deseaba. O tenías el anillo pero no tenías la relación que deseabas.

¿Qué representa realmente el anillo? **El anillo es una representación externa de nuestro compromiso interno. Le dice a los demás que se ha tomado la decisión de un compromiso de por vida con alguien.** El anillo sigue siendo un anillo. Ya sea que honres o no tus compromisos es la pregunta que debes hacer realidad para que todos lo vean.

Déjenme animarles a todos ustedes que, al igual que yo, nunca han llevado un anillo en el segundo dedo de su mano izquierda. **¡Vayan y pónganse su anillo!** Llevar o no un anillo no cambia tu deseo de casarte o de seguir soltero. Lo que importa es tu compromiso. Lo que importa es el estado de tu corazón. Lo que importa es ¡tu relación y tu compromiso hacia Dios Padre, Dios Hijo y Dios Espíritu Santo!

Con este anillo me caso contigo: Dios Padre, Dios Hijo y Dios Espíritu Santo.

---

10 Lee, Vera *Something old and Something new (Algo viejo y algo nuevo)*

Capítulo 3

A la ayuda de la Biblia acudí, a ver esto decidida.
Y entender todo lo que el Espíritu Santo me traería,
No tardo mucho el mensaje en comenzar,
En cuanto Dios empezó a hablar directo a mi corazón.

Él me mostró que la soltería significa ser completa, y cabal. Él me mostro que mi estado era la perfección en desarrollo.

Él me ayudó a ver que mi meta en este momento

Era dejar que Él expresara todo lo que la soltería contiene.

¿Cuándo me casé?

Para responder esta pregunta, tengo que definir el matrimonio. En lo natural podemos encontrar en el Diccionario del Colegio Universal de Webster una definición de matrimonio: *"la institución social en la cual un hombre y una mujer viven como esposo y esposa bajo los compromisos legales o religiosos"*. En Génesis 2:23-24 se encuentra una fuente bíblica para el matrimonio. Estas escrituras describen el primer matrimonio en la Tierra. "Y el hombre dijo: Esta es ahora hueso de mis huesos y carne de mi carne; ella será llamada mujer, porque del hombre fue tomada. Por este motivo el hombre dejará a su padre y a su madre y se unirá a su mujer, y serán una sola carne".[11]

En Efesios 5:22-30, Pablo analiza los fundamentos del matrimonio. Él identifica los roles y responsabilidades diferentes del hombre y de la mujer. No solo nos muestra esta relación, sino que

---

[11] *NIV Génesis 2:23-24*

la amplía a la analogía que representa la relación de Cristo con la Iglesia, nuestra relación con Cristo, y de las relaciones entre nosotros.[12] Entonces, ¿cuándo te casaste? *¡Cuando aceptaste a Jesús el Cristo como tu Señor y Salvador!* En ese momento tú te haces uno con Dios. Según en Génesis, estás casado. Seas hombre o mujer, ahora estás casado con el Padre por el poder del Espíritu Santo, mediante Jesús el Cristo.

¿Y qué significa eso? Te casaste en el momento en que aceptaste a Jesucristo como tu Señor y Salvador. Ese matrimonio tu colocó en el Reino de Dios y colocó al Reino de Dios en ti. ¿Ves la relación aquí? Entonces te conviertes en parte del cuerpo de Cristo (iglesia), con Cristo como la Cabeza de la Iglesia.[13] Si tu Lo aceptas, Cristo se te presentará en esplendor glorioso, sin mancha ni arrugas ni cosas de esas (para que seas una persona bendita e intachable). ¿Cómo sucede esto? A través de la Palabra de Dios y con la ayuda del Espíritu Santo: "como *Cristo amó a la iglesia y se entregó a Sí mismo por ella, para santificarla, habiéndola purificado con el lavamiento del agua por la Palabra*". Yo batallé con esto hasta que me di cuenta que me habían dado a alguien para

---

[12] *Mateo 22:1-2 "y Jesús les volvió a hablar en parábolas (comparaciones, historias para ilustrar y explicar), diciendo: el reino de los cielos es semejante a un rey que oreció un banquete de bodas para su hijo.*

[13] *Efesios 5:22-24 "Las casadas estén sujetas (ser sumisas y adaptarse) a sus propios maridos, como (un servicio) al Señor; porque el marido es cabeza de la mujer, así como Cristo es Cabeza de la iglesia, la cual es su cuerpo, y Él su salvador. Así que, como la iglesia está sujeta a Cristo, así también las casadas lo están a sus maridos en todo. Maridos, amad a vuestras esposas, así como Cristo amó a la iglesia y se entregó a Sí mismo por ella, para santificarla, habiéndola purificado en el lavamiento del agua por la Palabra".*

ayudarme. Su nombre es Dios Espíritu Santo. Tuve que decidir obediencia. Tuve que escoger a Jesús como Señor, no solo como Salvador. Y paso a paso, comencé a entenderlo. Paso a Paso renuncié a mis pensamientos y a mis maneras por los pensamientos y las maneras de Dios. Paso a paso me enamoré de Jesús. En tanto que Él llegó a ser una parte mayor de mi vida, yo comencé a verme y a ver a mi vida a través de la palabra de Dios. Él se convirtió en mi vida. Algunas veces las personas casadas hablan de su conyugue como "el amor de mi vida". Eso es lo que Jesús es para mí. Y Él anhela tener la misma relación contigo.

Capítulo 4

"Libertad, plenitud, honestidad y verdad, perfección y gracia te pertenecen todas

Ves tú mi hijo que en este estado es que tú naciste,

De mi, de mi imagen, fuiste formado"

Así que id ahora y decid lo que el mundo no enseña,

Cómo las personas solteras son tan especiales para mí

Y no llores por el estado en que te encuentras

Porque tienes bendiciones inefables que te esperan ahí.

Matrimonio es Alianza

En su término más simple se puede pensar en una alianza como una promesa. La alianza de Dios significa Su promesa a nosotros que no se puede romper en tanto que haya descendientes vivos que reciban la promesa.[14] Esta promesa es en realidad un plan formidable para nosotros que incluye la Salvación, vida con Dios ahora y vida Eterna en el futuro, Frutos del Espíritu Santo (*Gálatas* 5:22) y amistad con Dios Mismo, por mencionar algunas. Porque Dios encontró un hombre, Abraham (*Génesis 15:15-18*) con quien pudo establecer esa promesa, nosotros que recibimos por la fe lo que Abraham recibió, somos ahora herederos de esa promesa.

Sin embargo, al igual que Abraham, nosotros también tenemos responsabilidades bajo esta

[14] *Salmos 89:34 "No quebrantaré mi pacto, ni mudaré lo que ha salido de mis labios".*

alianza. Debemos escuchar, oír y obedecer las direcciones de Dios para nuestra vida.

El matrimonio, por lo tanto, es una promesa y un compromiso entre dos partes. Ya sea el esposo y la esposa, o Cristo y la Iglesia. La relación se define por la promesa y el compromiso. Para la persona soltera, esto significa procurar la guía del Dios que te creó.

Descubrir de Él lo que deberías hacer en tu estado de soltería, y ser feliz con tu soltería. Tomarte el tiempo para desarrollar tu relación con Dios. Aprender a escuchar la voz de Dios, aprender a responder en obediencia y aprender a amar a quien eres como persona soltera.

Capítulo 5

En este tiempo de soltería déjame moldearte, y enseñarte,
Déjame emplearte para mi propósito
Para que otros vengan también.

No hay mayor alegría que traer a otros a mí,
No mayor alegría que caminar junto a mí
No mayor alegría que tu corazón toque el mío
Porque ustedes son las ramas y yo la vid.

Vivir en estado de matrimonio

Si has recibido a Jesús como tu Señor y Salvador entonces el Reino de Dios es tu estado de matrimonio. Has sido trasladado del mundo por el poder del Espíritu Santo hacia el Reino de Dios, cuando aceptaste a Jesús como Señor y Salvador. ¿Qué es un reino? Reino y dominio. Fuiste re-establecido como soberano para tomar dominio sobre todas las cosas en esta tierra.[15] Es por ello que Jesucristo (ahora también tu Hermano Mayor), es llamado "Rey de Reyes y Señor de Señores".[16] El es cabeza sobre reyes y señores.[17] Lo cual tú y yo

---

[15] Salmos *8:6"Le hiciste señorear sobre las obras de Tus manos; todo lo pusiste bajo sus pies"*.

[16] *1Timoteo 6:15 "Lo cual a su tiempo mostrará el bienaventurado y único Soberano (gobernante), Rey de reyes y Señor de señores"*.

[17] *Romanos 5:17 "Pues si por la transgresión (error, ofensa) de uno solo reinó la muerte, mucho más reinarán en vida por uno solo, Jesucristo, los que reciban la abundancia de la gracia y del don de la justicia"*.

hemos devenido ahora.

El Reino nos ofrece el ambiente para vivir una vida Santa y Justa con Dios. Así como también nos proporciona todo lo que necesitamos. Tú y yo entramos en este Reino cuando aceptamos a Jesucristo como nuestro Señor y Salvador. *Mateo 6:31-34 "No os afanéis pues, diciendo: ¿Qué comeremos? O ¿Qué beberemos? O ¿Qué vestiremos? Porque los gentiles buscan todas esas cosas, pero vuestro Padre celestial sabe que tenéis necesidad de todas estas cosas. Más primeramente buscad el reino de Dios y su justicia, y todas estas cosas se os darán por añadidura. Así que, no os afanéis por el día de mañana, porque el mañana traerá su afán. Basta a cada día sus propios problemas".* La rectitud es un modo de vida para quienes han aceptado a Jesucristo como Señor y Salvador. Significa que estás bien con Dios. Es hacer lo correcto y estar correcto ante Dios. **NO** son tus obras o algo que haces lo que te hace virtuoso o recto ante Dios, sino más bien ¡un don de Dios! Ese don fue comprado y pagado ¡con la sangre de Jesús![18] Llegas a ser recto y justo cuando, mediante la fe, aceptaste a Jesucristo como tu Señor y Salvador. ¡Ahora camina en la rectitud que se te ha dado!

Para ayudarte a entender más sobre la rectitud lee la carta de Pablo a los romanos. Estas son algunas de las verdades que Pablo explica en estas cartas:

- El estado de rectitud del hombre
- La rectitud que se consigue en Cristo

---

[18] *Isaías 64:6 "Si bien todos nosotros somos como suciedad (ceremonialmente, como un leproso), y toda nuestra rectitud (nuestras mejores obras de virtud y justicia) es como trapo de inmundicia; y caímos todos nosotros como la hoja, y nuestras maldades nos llevaron como el viento (lejos del favor de Dios, hacia la destrucción)*

- La rectitud que se imparte al hombre
- La rectitud que vive en diversas relaciones

Si no accedes a todos los dones que Dios te ha dado para entender y vivir su palabra, tu entendimiento de la palabra de Dios puede estar limitado al entendimiento del mundo y a tu propio intelecto. Si verdaderamente desea que la verdad de la palabra de Dios te sea revelada, entonces debes de permitir que Dios Espíritu Santo te colme ahora mismo. Di en voz alta la Oración para recibir al Espíritu Santo. Cree que la recibes cuando rezas.

Hay poder en la palabra de Dios para transformar tu mente y ayudarte a creer.

Para ser llenado del Espíritu Santo

Mi Padre celestial, yo soy creyente. Yo soy Tu hijo y Tú eres mi Padre. Jesús es mi Señor. Yo creo con todo mi corazón que Tu Palabra es la verdad.

Tu Palabra dice que, si yo lo pido, recibiré al Espíritu Santo, así que en Nombre de Jesucristo, mi Señor, te pido que me llenes desbordante con tu precioso Espíritu Santo. Bautízame en el Espíritu Santo.

Por Tu Palabra, creo que lo recibo ahora y Te agradezco por él. Creo que el Espíritu Santo está en mí, y por la fe, Lo acepto.

Ahora, Espíritu Santo asciende dentro de mí cuando alabo a mi Dios. Espero plenamente hablar con otras lenguas, porque Tú me das la voz.

Para mayor enriquecimiento bíblico
Marcos 11:24
Lucas 11: 9-13
Juan 14:10, 12, 16-17

Juan 14:26, 15: 5-6
Hechos 1:8, 2:4, 8:12-17, 10: 44-46, 19:2, 5-6
Hechos 2:1-4

Romanos 3:22, 4:3-5, 10: 6-13
1 Corintios 1:28-31
1 Corintios 2: 9-16

1 Corintios 14: 2-15
2 Corintios 5:21
2 Corintios 6:1

Efesios 6:18
1 Juan 2:27
Judas 20

Oración para recibir al Espíritu Santo Kenneth Copeland
"Plegaria tu Fundamento para el Éxito"

Capítulo 6

Te daré los deseos de tu corazón,
   Si de mí nunca te alejas
   Tu estado es un estado de perfección
   Que me permite enviarte en cualquier dirección

   Lejos y más allá de quienes están casados tú ves.
   Aprecia pues ahora que tan cerca estás de mí.
   Déjame guiarte y sostenerte, déjame ser tu amor
   Déjame tocarte y mostrarte, y arriba llevarte,
   El modo de pensar del mundo el modo de actuar
del mundo.

Listo para el matrimonio: ¿Ahora qué?

Este capítulo es para todos ustedes que son solteros y quieren casarse. Ahora que sabes, como persona soltera, que en el Reino de Dios, estás casada espiritualmente, ¿cómo vives hasta que aparezca esa pareja terrenal? Este capítulo tiene abundancia de referencias bíblicas que te ayudarán a construir tu vida en esas áreas para que puedas gozar de tu estado de soltería, y confiar a Dios todo lo demás. Te animo a que leas las escrituras que se incluyen junto con las que el Espíritu Santo te llevará a explorar y estudiar. Recuerda que tu camino con Dios es de por vida. Ruego por qué aprendas a gozar este camino, ya sea como persona soltera o casada.

Veamos algunos métodos que pueden ayudar a guiar tus esfuerzos:

Todo lo que es físico empezó en el reino espiritual, y Dios habló lo que Él deseaba al reino físico. Así que si deseas casarte, yo creo que tu pareja ya ha sido identificada en el reino espiritual.

Génesis 1:1-31 revela los comienzos del hombre espiritual y físicamente.

Yo creo que es posible desarrollar esa cercanía e intimidad con Dios que cuando sea revelada nuestra pareja, nuestro Padre celestial nos mostrará la verdad, y nosotros solo tenemos que decir sí o no. No sientas que te tienes que apresurar para dar la respuesta. Confía en que Dios ha escogido esta persona para ti. La expectativa es que pasarán el resto de sus años en esta tierra juntos. **ESTO SI** ¡cambiará tu vida!

1. Las escrituras nos dicen que seamos imitadores de Dios. Hemos de hablar de lo que queremos que exista de acuerdo a la Palabra de Dios.

(Proverbios 12:14, 18:21; Salmos 45:1,

1 Corintios 4:16; Efesios 5:1)

2. Cree que la Palabra de Dios logrará lo que se proponga hacer. Y nada está oculto de Él. Ni siquiera tus deseos de casarte.

(Isaías 11:55; Hebreos 4:12-13)

3. Recibimos todas las promesas de Dios por la Fe.

(Romanos 4:16; Efesios 2:8, Gálatas 3:14; Hebreos 11:3-11)

4. Cuando oramos hemos de orar de conforme a Marcos 11:23-25 *"En verdad les digo, que cualquiera que diga a esta montaña, 'Quítate y arrójate al mar', y no dude en su corazón, sino que crea que lo que dice va a suceder, le será concedido. Por eso les digo, que todas las cosas por las que pidan en sus oraciones, crean (confía y ten confianza) que ya las han recibido y les serán concedidas. Y cuando estén orando, perdonen si tienen algo contra alguien, par que también su Padre que está en los cielos les perdone a ustedes sus transgresiones".*

5. Procura ávidamente el conocimiento de la Palabra de Dios para realizar lo que deseas. Josué 1:8 "Nunca se apartará de tu boca este libor de la ley, sino que de día y de noche meditarás en él, para que guardes y hagas conforme a todo lo que en él está escrito; porque entonces harás prosperar tu camino y todo te saldrá bien".

6. Busca orientación de tu Hombre y/o Mujer de Dios en el Cuerpo de Cristo que se te ha asignado en este momento, y de las personas piadosas que te aprecian. Si no asistes a un lugar de culto, entonces pide a dios que te muestre adonde puedes ir para que te rodees de gente piadosa y sabia con la cual puedas desarrollar una relación. Si eres una persona honesta en tu deseo, Él te lo mostrará. Dios le ha asignado a cada uno de nosotros un lugar de culto. *Hechos 17:26 "Y de uno (origen común, una fuente, una sangre) Él hizo todas las naciones del mundo para que habitaran sobre toda la faz de la tierra, habiendo determinado sus tiempos señalados y los límites de su habitación (sus moradas, tierras y residencias)".*

Deuteronomio 26:2 "Tomarás las primicias de todos los frutos del suelo que recojas de la tierra que el Señor tu Dios te da, y las pondrás en una cesta e irás al lugar (el santuario) que el Señor tu Dios escogiere para establecer Su nombre (y su presencia)".

7. Renueva tu mente en la Palabra de Dios. Obedece la Palabra de Dios, y aprende todo lo que puedas sobre tu estado perfecto de soltería: aparte, único y completo. *Romanos 12:1-2 "No viváis conforme a este mundo (esta época), (de acuerdo a la moda y adaptado a sus costumbres externas y superficiales), sino transformaos (cambiar) por medio de la renovación (total) de vuestro entendimiento (por los nuevos ideales y sus nuevas actitudes), para que comprobéis (por sí mismos) cuál sea la buena*

voluntad de Dios, agradable y perfecta (en Su visión para ti)".

3 Juan: 2 "Amado, ruego porque prosperéis en todo, así como prospera tu alma, y que tengas buena salud (en tu cuerpo)". Festeja la palabra de Dios, para que el Espíritu Santo te pueda mostrar el propósito de Dios para tu vida. *Romanos 8:9, 14 "Más vosotros no estáis en la carne, sino en el espíritu, si es que el Espíritu (Santo) de Dios (realmente) mora en vosotros (te dirige y te gobierna). Y si alguno no tiene el Espíritu de Cristo, el tal no es de Él" (no pertenece a Cristo, no es verdaderamente un hijo de Dios). "Porque todos los que son guiados por el Espíritu de Dios, los tales son hijos de Dios".*

8.   Busca primero, en tanto hombre soltero o mujer soltera, Su Reino y todos tus otros deseos se te darán por añadidura.

(1 Corintios 7: 25-35; Mateo 6:33)

9.   Conténtate de donde estás en este momento de tu vida. Esto lo consigues confiando en Dios y sabiendo que Él tiene el mejor plan para tu vida, y eso incluye una pareja si ese es tu deseo. Esta confianza se construye día a día; en cada acontecimiento de la vida; en cada reto; en cada prueba. Dios te mostrará que es digno de confianza.

Entiende que hay una estación para todas las cosas y que Dios sabe cuál es la estación debida para que te cases. (Eclesiastés 3:1-4)

10.   Nunca dudes de que Dios quiere satisfacer tus deseos.

(2 Samuel 23:5; Salmos 37:4, Salmos 145:19; Proverbios 11:23)

11. Confía en dios con todo tu corazón; tendrás que confiar en El ciertamente con esta relación formidable después de que te cases. Así que empieza a confiar en El mientras estés en soltería.

(Proverbios 3:5-6; Salmos 37:5-6)

12.   No mires al mundo ni trates de vivir su vida.

Dios te creó y sabe los planes para tu vida. Busca Su guía y Su dirección. *Jeremías 29:11 "Porque yo sé muy bien los planes que tengo para ustedes, afirma el Señor, planes de bienestar y no de calamidades, planes para darles esperanza y un futuro".* Recuerda *Proverbios 18:1 "El que voluntariamente se aísla (de Dios y del hombre) busca su propio deseo y pretexto contra todo consejo".* Tú no perteneces al mundo. Perteneces al Reino de Dios Todopoderoso. Necesitas sabiduría y sano juicio para vivir tu vida y cumplir con tu propósito. Esto vendrá mediante la Palabra de Dios, el Espíritu Santo y la orientación de las personas piadosas que han sido colocadas en tu vida.

(Proverbios 24:1-2; Lucas 17:20-21; Juan 3:3-7, Romanos 6:3-4; Gálatas 3:27)

13. No te veas ni hagas juicios sobre la época, la edad o el propósito. No juzgues tu futuro o tu propósito por tu edad, o por lo que puedes ver con tus ojos, o los desafíos que has vivido. Recuerda, Dios puede utilizar todo lo que has vivido para ayudar a alguien más. Precisamente cuando la persona piensa que está demasiado vieja para los propósitos de Dios o en este caso el matrimonio, es cuando está finalmente lista. Lista para amar a Dios y a otros incondicionalmente y dispuesta a servir a otros en vez de a sí misma.

Busca tus respuestas de Dios. Recuerda, ¡solo el Creador conoce los planes para Su creación!

(Génesis 1:27; Deuteronomio 32:6; Salmos 139:1-4; 43:7; Jeremías 29:11; Efesios 2:10; Revelación 4:11)

14. Aprende a ser persona devota. No importa que suceda en tu vida, decide confiar y seguir a Jesús. Esto exige valor y fortaleza que solo te puede dar Dios. Primero búscalo a Él y decide obedecerlo. Se agradecida y decide alabarlo en toda situación. Deja que Su voluntad llegue a ser tu voluntad. Deja

que Su palabra y su camino sean tu palabra y tu camino. Esto sucede en tanto que vives en una relación de amor con Jesucristo. Deja que él te realice. Se dichosa de que, como persona soltera, TODO tu tiempo puede estar dedicado a Él. *1 Corintios (AMP) 7:32-35 "Quisiera pues que estuvieses sin congojas. El soltero tiene cuidado de las cosas del Señor, de cómo agradar al Señor; pero el casado tiene cuidado de las cosas del mundo, de cómo agradar a su mujer, y sus intereses están divididos (y se distrae de su devoción hacia Dios). Y la mujer que no está casada y la doncella se preocupan por las cosas del Señor, para ser santas tanto de cuerpo como en espíritu; pero la casada se preocupa por las cosas del mundo, de cómo agradar a su marido. Y esto lo digo para vuestro propio beneficio, no para poneros restricción, sino para promover lo que es honesto y para asegurar vuestra constante devoción al Señor".*

Eres una persona soltera, aparte, única y completa. Naciste en el estado de perfección. Fuiste hecha para servir al Señor nuestro Dios. Ahora, empieza a disfrutar esta relación. ¡Espera que Dios responda a tus plegarias!

Cómo empezar

Al final del Capítulo 7 hay una lista de libros para ayudarte a empezar en tu búsqueda para obtener el conocimiento sobre tu estado de soltería, tu propósito, y las promesas de Dios para tu vida.

Disfruta tu viaje, ¡y nos vemos en el altar!

Capítulo 7

Batallando con la soltería

¿Por qué estoy soltera Señor?
¿Por qué no tengo a un hombre (mujer)?
Estas cosas y más le preguntaba el Señor,
¡Y no se dijo nada más!

Y yo pensaba, ¿no me escucharía?
¿Seré tan mala que nadie se me acerca?
¡Cuando familia y amigos me ven soltera todos
estos años!
¿Por qué estoy soltera Señor?

Luego de que todo se dijo e hizo,
Luego de todas las lágrimas que lloré,
Finalmente le agradecí a El por estar soltera
Y dejé de lado mi ira.

Fue cuando Le escuché
En una voz clara y tenue que me dijo
"Ahora hija mía quiero mostrarte lo que significa
la soltería".

A la ayuda de la Biblia acudí, a ver esto decidida.
Y a entender todo lo que el Espíritu Santo
traería,
Y no tardo mucho el mensaje en llegar,
En cuanto Dios me empezó a hablar directo al
corazón.

Él me enseño que la soltería significa ser plena e
íntegra.
Él me mostró que mi estado era la inefable
perfección

CÓMO ESTAR CASADOS SIENDO SOLTEROS

Él me ayudo a ver que mi meta en este momento
Era dejar que Él expresara lo que la soltería contiene.

"Libertad, plenitud, honestidad y verdad, perfección y gracia
Todo te pertenece
Ves hija mía que en este estado naciste,
De mí, a mi imagen fuiste formada"
Así que ve y di lo que el mundo no enseña,
Cómo la persona soltera es tan especial para mí
Y no llores por el estado en que te encuentras
Porque dentro de él te esperan bendiciones nunca dichas.

En este momento de soltería déjame moldearte, y enseñarte,
Déjame emplearte para mi propósito
Para que otros vengan también.

No hay mayor alegría que llevar a otros a mí,
No mayo alegría que caminar junto a mí
No mayor alegría que tu corazón toque el mío
Porque ustedes son las ramas y yo soy la vid.

Yo te daré los deseos de tu corazón,
Si de mi tu nunca te apartas
Tu estado es el estado de perfección
Que me permite enviarte en cualquier dirección

Lejos y más allá que los casados tú ves.
Aprecia entonces que tan cerca estás de mí.
Déjame guiarte y abrazarte, déjame ser tu amor
Déjame tocarte y mostrarte, y llevarte por encima,
Del modo de pensar del mundo del modo de actuar del mundo

Erica Ann Spence

No perteneces al mundo,
Tú me perteneces a mí.
¡Soltera y con amor!
¡Del modo en que Él prefiere ser!

Erica A. Spence
Mujer ungida por Dios creada 5/27/2003

Ideas finales de la autora

Esta sonrisa es real. Dada por Dios y comprada por Dios. Fluye desde el lugar secreto en mí que está unido a Dios Padre, Dios Hijo y Dios Espíritu Santo.

No cambiaría mi ayer por nada. Porque si lo hiciera, ¿qué podría decirte? ¿Cómo podría animarte si no hubiese estado ahí yo misma? Yo vivía en un infiero artificial autoimpuesto. Y ahora vivo en un Reino Celestial con la promesa de dicha eterna ahora y por siempre.

Lo bueno es que no es demasiado tarde. Si estás leyendo esto, no es demasiado tarde. . Pide a Jesús en tu corazón y empieza a vivir el propósito que Dios te ha dado. Jesús te espera.

Y por cierto, fíjate bien en la foto: ¡Llevo mis anillos!

Lista de libros

Aquí se ofrece una lista de recursos para ayudarte a obtener el conocimiento sobre tu autoridad, propósito y deseos para tu vida, conforme a la Palabra de Dios.

Alianza

"The Miracle Of The Scarlet Thread"
Richard Booker
Destiny Image Publishers

"The Blood Covenant"
E. W. Kenyon
Kenyon's Gospel Publishing Society

"Unraveling The Mystery Of The Blood Covenant"
John Osteen
John Osteen Publication

Fe

"Three Keys To Positive Confession"
Frederick K. C. Price, D.D.
Faith One Publishing

"Answers Awaiting In The Presence Of God"
Creflo Dollar
Harrison House, Inc.

"The Two Kinds of Faith-Faith's Secret Revealed"
E. W. Kenyon
Kenyon's Gospel Publishing Society

"Five Little Foxes of Faith"
Frederick K. C. Price, PhD.
Faith One Publishing

"How to Obtain Strong Faith (six principles)
Dr. Frederick K. C. Price
Faith One Publishing

"How Faith Works-Revised and Expanded"
Frederick K. C. Price, D.D.
Faith One Publishing

"Faith and Confession-How To Activate The Power Of God In Your Life"
Charles Capps
Harrison House

Espíritu Santo

"It's Not Natural To Live Holy, It's Spiritual"
T. D. Jakes, Sr.
T. D. Jakes Enterprise

"The Gifts and Ministries of The Holy Spirit"
Lester Sumrall
Whitaker House

"Good Morning Holy Spirit"
Benny Hinn
Thomas Nelson Publishers

Reino Vivo

"Holy Bible, New International Version-The Full Life Study Bible"
Donald C. Stamps
J. Wesley Adams
Zondervan Publishing House

"The Amplified Bible-Expanded Edition"
Zondervan Publishing House

"Growing Up Spiritually"
Kenneth E. Hagin
Faith Library Publications

"The Believer's Authority"
Kenneth E. Hagin
Faith Library Publications

"Don't Let The Devil Steal Your Destiny"
Norvel Hayes
Harrison House

"How You Can Avoid Tragedy And Live a Better Life"
Charles Capps
Harrison House

Plegarias

"Decently and In Order"
Bob Yandian
Whitaker House

"Faith, Foolishness or Presumption?"
Dr. Frederick K. C. Price
Harrison House

"Prayer Your Foundation for Success"
Kenneth Copeland
Harrison House

Propósito

"You have a Ministry"
Bob Yandian
Whitaker House

"Understanding the Purpose and Power of Woman"

CÓMO ESTAR CASADOS SIENDO SOLTEROS

Dr. Myles Munroe
Whitaker House

"Understanding The Purpose and Power of Men"
Dr. Myles Munroe
Whitaker House

"The Purpose Driven Life-What on Earth Am I Here For?"
Rick Warren
Zondervan

Solteros

"Don't Bite the Apple 'Til You Check for Worms-A Survival Guide to Love, Sex and Singleness"
Ken Abraham
Fleming H. Revell

"For Singles Only"
Robin Gool
Whitaker House

"Single and loving it-Living Life to the Fullest!"
Kate Mcveigh
Harrison House, Inc.

EPÍLOGO

Yo lloré, literalmente, al escribir este libro. El Espíritu Santo puso estas palabras en mí. Y cuando me senté a escribirlas, me asaltó.

El día que empecé a escribir este libro, se escaparon mis dos perros. Quienes me conocen saben cómo cuido a mis perros, Sonny y Shelley (ambos fallecidos ya). *Proverbios 12:10 "El justo atiende las necesidades de su animal; pero el acto más tierno del impío es cruel".*

Fueron tres días y noches antes de que tuviera cualquier noticia, pero durante toda esta prueba nunca deja de confiar en Dios.

El incidente ocurrió un fin de semana, y aunque mi mente y emociones estaban bajo ataque, preferí confiar y creer en Dios. Fui a la Iglesia el domingo y adoré a mi Padre. Esa misma tarde, llegué a mi casa y seguí escribiendo este libro. El Espíritu Santo me siguió ayudando a confesar mi amor y confianza en mi Padre.

El lunes estaba ya completo el borrador de mi libro. También me enteré de que mis perros habían sido capturados por un funcionario de Control Animal el viernes por la noche (la noche que escaparon) y habían estado en el albergue, salvos y en calor, todo el fin de semana.
¡Te alabo Padre por tu amor y protección a todas las cosas!

Contraportada

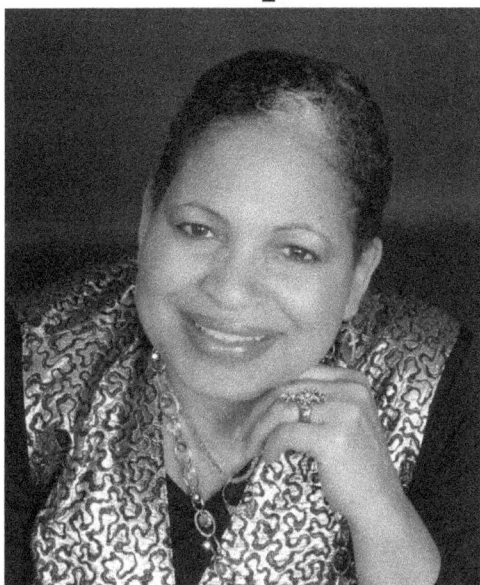

¿**E**stán cansados de las miradas de compasión por ser personas solteras? ¿Te aterran los días festivos y las ocasiones especiales porque sabes dónde te vas a sentar? Si, otra vez ¡*en la mesa de los solteros!*

¿Sientes que tu familia y tus amigos están realmente cansados de tratar de encontrar "citas ciegas" para ti?

Entonces, este libro es para ti.

"Estar soltero" **NO ES UNA PALABRA DE CUATRO LETRAS**. Te hallas en el mejor estado y lugar de tu vida.

¿Quién te hizo? ¿Por qué estas soltero o soltera? ¿Qué haces en la Estación de Soltería? ¿Cómo te preparas para el matrimonio si quisieras casarte?

Si te has hecho cualquiera de estas preguntas te invito a abrir este libro y echar una mirada a unas cuantas verdades sobre la soltería. Recibe un refrescante vistazo de lo que significa estar soltero o soltera. ¡Y empieza a disfrutar tu estación de SOLTERÍA!

www.ingramcontent.com/pod-product-compliance
Lightning Source LLC
Chambersburg PA
CBHW032115040426
42337CB00041B/1409